JN262259

コピーして使える
授業を盛り上げる ワークシート集
教科別
低学年

島田幸夫
中村健一 編著

黎明書房

エライ！ シール

使い方 指示のコツは「どうなったらエライのか？」を明示することです。「たくさん書けた人がエライ」などと指示しましょう。すると，子どもたちは意欲的に取り組みます。そして，がんばった子のワークシートに「エライ！ シール」を貼ってあげましょう。すると，子どもたちは「エライ！ シール」が欲しくて，さらにがんばります。

はじめに

　ワークシートは教育技術の「粋（すい）」です。作った人の持っている教育技術の全てが出てしまいます。

　私は若い頃からワークシートづくりにこだわって取り組んできました。

　子どもたちが，パッと見ただけで，作業できるようなワークシートが作れるようになりたかったのです。

　そのためには，端的な指示，説明ができる力が必要です。もちろん，子どもたちが喜んで取り組むネタが必要ですし，展開や演出の力も必要です。

　今回掲載したワークシートは，私の教育技術の全てをつぎ込んだつもりです。どんどんコピーして，教室で使ってください。

　みなさんにとって，使い勝手のよいワークシートになっていると嬉しいです。そして，子どもたちが喜んで取り組んでくれると嬉しいです。

　今回，黎明書房の武馬久仁裕氏から，ワークシート集を出版する機会をいただきました。しかも，低，中，高学年の3冊というお話です。

　さすがに，私一人で作るには，限界がありました。そこで，全国の若手たちを集めて，ワークシートを作ってもらいました。

　これを機会に，若手たちにも，ワークシートづくりにこだわるようになってほしいと思っています。

　3冊同時に着手したこともあって，編集作業も仲間に協力してもらいました。共編著者を快く引き受け，大変な編集作業をしてくださった土作彰氏，中條佳記氏，島田幸夫氏に感謝します。ありがとうございました。

　　　　　　　　　　　　　　　　　　　　　　共編著者　中村健一

もくじ

はじめに 1

国語

1 「へのへのもへじ」みたいな 顔を 作ろう！ 4
2 ひらがなあんごう 6
3 ウォー字を さがせ!! 8
4 ダジャレ五・七・五 10
5 オノマトペを マスターしよう 12
6 食わずぎらい王ゲーム 14
7 先生に しつもん!! 作文 16
8 間の 文を 考えよう 18
9 マンザイを やってみよう！ 20
10 ことばづかいを 考えよう ―校長先生へん― 22

算数

1 おはよう！ あさがおさん 24
2 なまえは いくつと いくつ？ 26
3 合10だ〜！（ガッテンダー！） 28
4 6は いくつと いくつと いくつ？ 30
5 時間の 計算を しよう 32
6 おはじきとばし大会 34
7 すてきな リボンやさんに なれるかな？ 36

もくじ

8 まわりの 長さは 何m？ 38
9 ダジャレ九九を 見つけよう！ 40
10 かくされた あんごうを あばこう！！ 42

生活

1 学校たんけんに 行こう！！ 44
2 たねを よく 見よう ―中は 何色？― 46
3 たねを 水に つけよう
　―はじめに どこから 出てくる？― 48
4 あさがおと せいくらべ しよう 50
5 フィールドビンゴを しよう 52
6 2つの きせつを 見つけよう 54
7 言いまちがいを しらべよう！ 56
8 校歌の ことば，知ってる？ 58
9 お店の 人の ふくそうを 見てみよう 60
10 やさいは どこから？ ―なまえに ちゅうもく！― 62

学活

1 なまえビンゴ 64
2 友だちビンゴ 66
3 じこしょうかい 3たくクイズ 68
4 クイズ わたしは だれでしょう 70
5 「ありがとう」「ステキ」まちがい見つけ 72
6 4人で 1まいの 絵を かこう 76

国語 1 「へのへのもへじ」みたいな顔を 作ろう！

> 楽しみながら，ひらなが，カタカナ，漢字の練習ができる遊びです。

ワークシートの使い方

❶ 教師は「今から先生が言う字をきれいに書いてください」と言う。そして，「最初は『へ』，その下に『の』を書きます。……」と書かせていく。すると，子どもたちは「へのへのもへじ」であることに気づき，盛り上がる。

❷ ワークシートを配る。すると，すぐに「へあへあもへじ」に気づく。「なんか変」と言いながらも，子どもたちは嬉しそうにする。

❸ 「へあへあもへじ」に名前を付けさせる。「お目々ぱっちりもへじ」「見つめるもへじ」「真剣もへじ」など楽しい名前が出る。

❹ 子どもたちは，目（「の」の部分）がない「へのへのもへじ」にひらがなを1文字入れる。そして，できた「もへじ」に名前を付ける。「い」なら「お悩みもへじ」，「う」なら「困ったもへじ」など。

❺ 最後に，ひらがな，カタカナ，漢字を組み合わせて顔を作る。できあがった作品は，掲示すると楽しい。

★ランクup↗情報

・名前は，「○○もへじ」でなくて構いません。楽しく自由に付けさせましょう。
・宿題にしてもOKです。お家の方も一緒になって楽しんで考えてくださることが多いです。

（中村）

国　語

「へのへのもへじ」みたいな 顔を 作ろう！
なまえ（　　　　　　　　　　）

① 「へあへあもへじ」に なまえを つけよう！

（　　　　　　　　）もへじ

② 「へのへのもへじ」の 目の ぶぶんに ひらがなを 入れて なまえを つけよう！

なまえ

③ ひらがなや カタカナや かん字を つかって，顔を 作ろう！
　　なまえも つけよう！

なまえ

国語 2

ひらがなあんごう

> ひらがなの50音表を使った暗号です。暗号を解くこと，作ることで，子どもたちの目が自然に50音表に向きます。ひらがなに興味を持たせるのにもってこいです。

ワークシートの使い方

❶ 子どもたちはワークシートにある暗号を解き，答えを書く。制限時間は5分間。下の50音表をヒントにするように言う。すると，多くの子が暗号の秘密に気づく。(1)は，「い↓」は「い」の「↓（下）」で「う」。「ち↑」は「ち」の「↑（上）」で「た」。(1)の答えは「うた」。

❷ 教師が正解を発表する。正解は(2)たぬき，(3)えんそく，(4)ひるやすみ，(5)かみふうせん。正解数を聞き，最も多い子に拍手を贈る。

❸ 子どもたちは50音表を見ながら暗号を作る。友達には見えないようにする。

❹ クジで5人を選び，黒板に1つずつ問題を書かせる。他の子は，5分で考えて，答えをノートに書く。出題者に正解を発表させ，一番正解が多かった子に拍手を贈る。

❺ 出題者を変えて，出題，正解発表を繰り返す。

★ランク up ↗ 情報

・帰りにいきなり問題を出しても楽しいです。教師は，「し↑ ←も い↓ ←た り↑」と黒板に書きます。分かった子から教師に正解を言いに行き，帰ることができます。正解は，「さようなら」です。 （中村）

国 語

ひらがなあんごう
なまえ（　　　　　　　　　　　　　）

■つぎの あんごうが とけるかな？ ヒントは，下の 50音ひょうだよ。

(1) い↓ ち↑	（　　　　　　　　）
(2) ←さ ふ→ か↓	（　　　　　　　　）
(3) け→ ←わ ←こ け↑	（　　　　　　　　）
(4) ふ↑ ←ゆ ら→ し↓ ←ひ	（　　　　　　　　）
(5) さ→ ま↓ ←ぬ え↑ す↓ ←わ	（　　　　　　　　）

■50音ひょう

ん	わ	ら	や	ま	は	な	た	さ	か	あ
	(い)	り	(い)	み	ひ	に	ち	し	き	い
	(う)	る	ゆ	む	ふ	ぬ	つ	す	く	う
	(え)	れ	(え)	め	へ	ね	て	せ	け	え
	を	ろ	よ	も	ほ	の	と	そ	こ	お

■上の 50音ひょうを 見ながら，ひらがなあんごうを 作ってみよう。（　）には，答えを 書いてね。

れい・て↓ ←は の→	（　　とまと　　）
・	（　　　　　　　）
・	（　　　　　　　）
・	（　　　　　　　）

■友だちと あんごうを 出しあって，楽しもう！

国語 3

ウォー字を　さがせ!!

> 間違った漢字（ウォー字）を見つけるワークシートです。「木」に似た漢字がいろいろあることを知り，子どもたちは漢字に興味を持ちます。

―――――― ワークシートの使い方 ――――――

❶　1人に1枚ワークシートを配る。裏返して配り，教師の合図があるまで裏返したままにしておくように言う。

❷　「木」の間違い漢字（ウォー字）に赤丸をし，1分以内にたくさん見つけた人が勝ちというルールを告げる。

❸　子どもたちに赤鉛筆を持たせる。そして，「ウォー字を」（教師）「さがせ!!」（子どもたち）の掛け声と同時に始める。教師の「やめ」の合図で赤鉛筆を置く。

❹　赤で○をした数を書く。また見つけたウォー字も書き出す。

❺　何個○がついたか，どんなウォー字があったかを発表させる。一番多く見つけた子に拍手を贈る。

★ランクup↗情報

・このワークシートのウォー字は「本・米・禾（か）・水・未・不・才・大・下・六」の10個です。

・似た漢字を探させ，子どもたちに「ウォー字をさがせ」を作らせてもおもしろいです。

（友田）

国　語

ウォー字を　さがせ！！
なまえ（　　　　　　　　　　　　）

■「木」という　かん字の　中に，まちがった　かん字（ウォー字）が　かくされて
います。なんこ　見つけられるかな？　見つけたら　赤で　○をしよう。

木	木	木	本	木	木	木	木
木	木	木	木	木	木	木	米
木	木	木	木	木	禾	木	木
木	水	木	木	木	木	未	木
木	木	木	木	不	木	木	木
木	木	木	木	木	木	木	木
木	木	才	木	木	木	木	大
木	木	木	下	木	木	木	木
木	木	木	木	木	木	六	木

見つけた　ウォー字の　数
こ

見つけた　ウォー字

国語 4

ダジャレ五・七・五

> 子どもたちはダジャレが大好き！ 川柳づくりも大好き！ 大好きなダジャレと川柳のコラボに子どもたちは大喜びです。

ワークシートの使い方

❶ ワークシートを配り，川柳についての簡単な説明を読み聞かせる。

❷ 子どもたちは，ダジャレ五・七・五の下の五音に何が入るのか考えて書く。制限時間は5分間。

❸ 「(1)行っといれ，(2)あらよっと，(3)ねこんでる，(4)いやがーる，(5)おしょうがつ」と正解を発表する。すると，子どもたちから歓声が上がる。正解数を聞き，一番多い子に拍手を贈る。

❹ 知っているダジャレを書き出し，子どもたち1人ひとりがダジャレ五・七・五を作る。強引でもいい。かえっておもしろい作品ができあがる。

❺ できあがった作品を使って，クイズ大会をする。クジで5人を選び，黒板にダジャレ五・七・五を書かせる。ただし，下の五音は○○○○○と書く。他の子は，下の五音が何かを考え，ノートに答えを書く。そして，正解発表。出題者を変えて繰り返し楽しむといい。

★ランクup♪情報

・子どもたちに大人気のネタです。ワークシートを集めて，授業時間の最初に5問ずつ出題すれば，子どもたちはものすごく楽しみにします。

・子どもたちは川柳づくりが大好きです。昨日の出来事を五・七・五の音にまとめるだけの活動にも喜々として取り組みます。

(中村)

ダジャレ五・七・五

なまえ（　　　　　）

■ 五・七・五の 音で できた みじかい しを 川柳（せんりゅう）と 言います。ダジャレで できた せんりゅうです。○に 何が 入るか 分かったら、書いてください。

(1) トイレなら　がまんをせずに　○○○○○
(2) ヨットにね　のる時言うよ　○○○○○
(3) かっている　ねこがびょうきで　○○○○○○○
(4) チアガール　おうえんするの　○○○ー○
(5) おしょうさん　二人そろえば　○○○○○

■ ダジャレ五・七・五を 作ります。まずは、知っている ダジャレを 書きましょう。

■ 五音や 七音になりそうな ダジャレをえらんで、せんりゅうを 作りましょう。

■ 一番下の 五音を当てる クイズ大会を しましょう。

国語 5 オノマトペを マスターしよう

「ゴロゴロ」「メーメー」「じっと」など，日本語はオノマトペ無しでは成り立ちません。子どもたちも無意識にオノマトペを使っています。場面に合ったオノマトペを考えさせることで，子どもたちは意識してオノマトペを使うようになります。

・・・・・・・・・・・・・・・ ワークシートの使い方 ・・・・・・・・・・・・・・・

❶ 教師はオノマトペについて，ワークシートの説明を読み聞かせる。

❷ 子どもたちは，15分間でワークシートの場面に合ったオノマトペを考えて書く。

❸ 「⑴カラスが鳴いた」のオノマトペを列指名で1列発表させる。子どもたちは「カァ（カー）」など発表する。

❹ 1列終わったら，他のオノマトペはないか聞き，発表させる。

❺ ⑵〜⑿まで，❸，❹を繰り返す。

★ランクup↗情報

・オノマトペの音は，絶対的なものではありません。国が違えば，動物の鳴き声のオノマトペが違うように，1人ひとりの感覚によって違いが生まれます。オノマトペを全体で確認する時には，教師は基本的に全てのオノマトペを認め，ある程度の共通点を確認するようにするとよいでしょう。

（原）

国 語

オノマトペを マスターしよう

なまえ（　　　　　　　　　　　　　）

※オノマトペは 音や ようすを あらわす ことばです。たとえば、きんちょうしている 時の 心ぞうの 音は「ドキドキ」や「バクバク」と あらわせます。また 犬の 鳴き声は「ワンワン」ですね。また「にりにり」「そっと」など もようすを あらわすことも できます。

いろいろな 場めんに 合わせて どんな オノマトペが 入るか 考えてみましょう。

（れい）ネコが 鳴いた → （ ニャー ）

(1) カラスが 鳴いた → （　　　　　　　　）

(2) たまごが つくえから おちて われた → （　　　　　　　　）

(3) ボールが 当たって ガラスが われた → （　　　　　　　　）

(4) 目の前を バスが 通りすぎた → （　　　　　　　　）

(5) かみなりが おちた → （　　　　　　　　）

(6) プールに とびこんだ → （　　　　　　　　）

(7) 紙を やぶいた → （　　　　　　　　）

(8) おなかが すいた → （　　　　　　　　）

(9) カエルが ジャンプした → （　　　　　　　　）

(10) 弱い 雨が ふってきた → （　　　　　　　　）

(11) 雨が 強く なってきた → （　　　　　　　　）

(12) 雨が どしゃぶりに なった → （　　　　　　　　）

国語 6 食わずぎらい王ゲーム

> 質問する力がつくゲームです。子どもたちは，友達のウソを見破ろうと，次々に質問をします。

.... ワークシートの使い方 ....

❶ 教師は，次のルールを説明する。「出題者が好きな食べ物を3つ紹介します。しかし，そのうち1つは，実は嫌いな物です。解答者は質問して，ウソを見破ります。多くの解答者をだました出題者が優勝です。」

❷ 子どもたちは，ワークシートの2つの□に好きな食べ物を書く。1つの□に嫌いな食べ物を書く。また，それぞれ，好きな理由を書く。嫌いな食べ物も，大好きなふりをして，おいしそうに書く。

❸ 班に分かれて，問題を出し合う。

❹ 出題者が問題を読む。その後，解答者は1分間で質問を考える。2分間で解答者が質問をして，出題者が答える。好きな食べ物への質問は，正直に答える。嫌いな食べ物は，ウソで答えてOK。

❺ 出題者の「せーの，どん」の合図で，解答者はウソだと思う番号を指で出す。出題者は，「正解は，……○番でした」と正解を発表する。一番多くの友達をだました子が優勝。

★ランクup↗情報

・最初に教師が問題を出して，イメージをつかませるとよいでしょう。
・田村一秋氏「食わず嫌い王スピーチ」『授業づくりネットワーク』171号，学事出版がネタ元です。

(中村)

国　語

食わずぎらい王ゲーム

なまえ（　　　　　　　　　　　）

（ぼく・わたし）の　すきな　食べものを　3つ　しょうかいします。

1つめは　[　　　　　　　　　　　　　　　　　]　です。

なぜかというと，

2つめは　[　　　　　　　　　　　　　　　　　]　です。

なぜかというと，

3つめは　[　　　　　　　　　　　　　　　　　]　です。

なぜかというと，

じつは　この中に　1つだけ　ウソがあります。

さて，（ぼく・わたし）の　きらいな　食べものは　なんばんめでしょう？

だました　人数（にんずう）　　　　　　　　　人

国語 7　先生に　しつもん！！　作文

> 子どもたちは担任の先生のことが知りたいもの。先生に聞きたいことを考えることで，質問力を育てます。また，三部構成で書く技術，ナンバリングの技術も身に付けることができます。

ワークシートの使い方

❶　ワークシートを配り，説明を読み聞かせる。

❷　「1つめ」「2つめ」「3つめ」の後に，1つずつ先生に聞いてみたい質問を考えて書くように言う。

❸　子どもたちは質問を書く。できあがったら，ワークシートの一番下にある「この作文でつくチカラ」を読み聞かせる。

❹　作文を何人かに発表させる。声に出して読ませることで，三部構成で書かれていることやナンバリングして書かれていることが実感できる。教師は質問に答える。

❺　ワークシートを集める。学級通信でどんどん紹介し，答えも載せるといい。そのまま担任の自己紹介になる。

★ランクup♪情報

・新学期の一番最初の宿題にしてもよいでしょう。子どもたちは「どんな先生だろう」と興味津々です。意欲的に質問を考えてきます。

・上條晴夫著『だれでも書ける作文ワークシート〈小学校低学年〉』（学事出版）の中の「質問文づくり」がネタ元です。本実践では，「三部構成」や「ナンバリング」の技術に目を向けました。

（中村）

国　語

先生に　しつもん!!　作文(さくぶん)

なまえ（　　　　　　　　　　　）

■先生の　ヒミツが　知りたくないですか？
　こんかいは　とくべつに　おしえちゃいます。
　いろいろな　しつもんを　考(かんが)えてみてください。

先生に　しつもんが　3つあります。

1つめ，_____

_____

2つめ，_____

_____

3つめ，_____

_____

おしえてください。おねがいします。

■じつは　この　作文，かんたんだけど，つぎのような　チカラが　つきます。

★この　作文で　つく　チカラ

1．「三ぶこうせい」で　書(か)く　チカラ
　　　作文は，「はじめ」「なか」「まとめ」で　書くと　じょうずに　なります。
2．ナンバリングの　チカラ
　　　さいしょに　「○つ」と　いくつあるか　いいます。そして，「1つめ」「2つめ」と書いて　いきます。わかりやすく　せつめい　できます。

国語 8

間の 文を 考えよう

> この作文には，あらかじめ，いくつかの文が書いてあります。そのため，子どもたちは，つながりを考えて書かなければなりません。論理的な文章を書く力が身に付きます。また，作文に苦手意識を持っている子どもも書きやすいです。

ワークシートの使い方

❶ 子どもたちは，下が１マス空くように，２行目に名前を書く。

❷ 教師は，㈡，㈣に当てはまる文を書くことを説明する。

❸ みんなで，㈠，㈢，㈤の文を音読する。文の流れから，子どもたちは，㈡には「池に落ちた理由」，㈣には「うれしくなった出来事」を書けばよいことに気づく。気づかなければ，教師が教える。

❹ 子どもたちは，㈡，㈣に合う文章を考えて書く。また，できあがった作文に合う題を考えて，１行目に書く。

❺ できた作文は，お互いに交換して読み合う。一言感想を言わせるとよい。「おもしろいで賞」「泣けるで賞」などを選ばせてもおもしろい。

★ランク up ↗ 情報

・はじめに提示している文や接続語を変えれば，違った文を作らせることができます。

・「２文で」「30字で」など，文の数や字数を指定することで，難易度が高くなります。はじめは１文ずつ書かせ，徐々に字数を増やしていくとよいでしょう。

（島田）

問6 文を 考えよう

だい「　　　　　　　　」
なまえ

(一) あさ、うさぎの たろうくんは、おうちを 出ました。

(二)

(三) だから、たろうくんは、いけに おちて しまいました。

(四)

(五) それで、たろうくんは うれしく なって おうちに かえりました。

国語 9　マンザイを　やってみよう！

> マンザイの台本を楽しんで作りながら，言葉を説明する力がつきます。もちろん，ユーモアセンス，人前で演じる力も育ちます。

ワークシートの使い方

❶　2人組を作る。そして，ジャンケンをして，ボケとツッコミを決める。

❷　2人で相談して，「ベンチ」に似た言葉を集める。他に「ピンチ」「便器」「センチ（cm）」「盆地」「番地」「弁当」「勉強」「バッチ」「あっち」「あんころもち」「たまごっち」など。強引なものもOK。子どもたちが思いつかないようなら，教師が黒板に書いてもいい。

❸　ワークシートにマンザイの台本を書く。例えば，ボケ役が「これが切れると，リモコンも動かなくなって困るんだよね」と似た言葉の説明をする。ツッコミ役は「それは，電池」とツッコミを書く。

❹　マンザイの台本が完成したら，2人で読む練習をする。クラスみんなの前でマンザイを披露し合うと楽しい。

★ランクup♪情報

・最初に教師がいくつかボケを披露し，子どもたちにツッコませるといいでしょう。すると，子どもたちはイメージしやすくなります。「カッパって知ってる？」（子ども）「もちろん知ってるよ。木の枝についてる……」（教師）「それは，葉っぱ」（子ども）「じゃあ，プープー音の出る楽器……」（教師）「それは，ラッパ」（子ども）　など。

・池内清氏の実践「ぼけぼけ鉛筆おしゃべり」がネタ元です。（中村）

国　語

マンザイを　やってみよう！

■ボケと　ツッコミを　きめて，マンザイを　やってみましょう！
① ジャンケンをして，ボケと　ツッコミを　きめます。

　　　ボケ　　　（なまえ　　　　　　　　　　　　　）
　　　ツッコミ　（なまえ　　　　　　　　　　　　　）

② 2人で　そうだんして，「ベンチ」に　にた　ことばを　あつめましょう。

ペンチ			

③ 台本(だいほん)を　作(つく)ってみましょう。（ボ）＝ボケ，（ツ）＝ツッコミ

（ツ）歩(ある)きつかれたね。どこかに　ベンチでも　ないかなあ。

（ボ）えっ!?　つかれてるのに　はりがね　切(き)るの？

（ツ）それは，ペンチ。ベンチ　知(し)らないの？

（ボ）いやいや，もちろん　知ってるよ。ベンチって　言(い)ったら，

　　　　　　　　　　　　　　　　　　　　　　　　　　　　　　　でしょ。

（ツ）それは，　　　　　　　　　　！

（ボ）だから，知ってるよ。ベンチって，

　　　　　　　　　　　　　　　　　　　　　　　　　　　　　　　でしょ。

（ツ）それは，

（ボ）

（ツ）

（ボ）

（ツ）

■れんしゅうを　して，マンザイを　みんなの　前(まえ)で　やってみましょう。

国語 10 ことばづかいを 考えよう
―校長先生へん―

> このワークシートの子どもの会話文は全部，明らかに間違った言葉づかいです。子どもたちは笑顔で間違いを指摘しながら，目上の人に対しての正しい言葉づかいを考えます。

・・・・・・・・・・ ワークシートの使い方 ・・・・・・・・・・

❶ 教師は，ワークシートの文章を読み聞かせる。明らかな間違いに子どもたちは笑顔になる。

❷ 子どもたちは，5分で間違った言葉づかいだと思うところに線を引く。

❸ 線を引いたところを発表させる。そして，正しい言葉づかいではどう言えばよいか聞く。子どもたちは，「『おっす』じゃなくて，『こんにちは』と言ったらいいと思います」などと答える。

❹ 正しく線が引けていれば1点。丸つけをして得点を書かせる。

【間違いと修正例】 子どもの会話文は，全て間違い。
「おっす→こんにちは」「荷物持ってあげようか→お荷物をお持ちしましょうか」「持ってあげるよ→お持ちしましょう」「気にするな→だいじょうぶです」「じゃーねー→失礼します」など。

❺ 5点満点中何点取れたか聞く。5点満点の子を立たせ，拍手を贈る。

★ランクup↗情報

・先生が校長先生役になり，1人の子とロールプレーをしてもおもしろいです。子どもたちは間違った言葉づかいだと思ったところで「ダウト！」と言って立ち，正しい言葉づかいを言います。

(原)

国　語

ことばづかいを　考えよう

なまえ（　　　　　　　　　　）

■ことばづかいが おかしいと 思う ところに 線を 引きましょう。
■正しく 線が 引ければ 1点です。

　町で 校長先生に 出会いました。ぼくは

「おっす。」

と 元気よく あいさつを しました。

　校長先生も 元気よく あいさつを かえして くださいました。とても うれしかったです。

　その時、校長先生が おもそうな にもつを もっていることに 気が つきました。そこで、ぼくは

「校長先生の にもつ もって あげようか。」

と ゆう気を 出して 言ってみました。

　すると、校長先生が にこにこしながら

「よかったら もって くれるかな。おもたいけど だいじょうぶ？」

と 言われました。

　ぼくは

「もって あげるよ。気に するな。」

と 言って 校長先生の にもつを もちました。

　校長先生と わかれる時、大きな 声で

「じゃーねー。」

と 言いました。

正しく線が引けた　　　点

算数 1

おはよう！　あさがおさん

> 自分が愛情込めて育てている朝顔。その朝顔の花を毎日数えていきます。5のかたまりと10のかたまりが意識できるようになっているので，数の学習にピッタリです。

ワークシートの使い方

❶　子どもたちは，朝起きたら，朝顔の花の数を数える。初めは家の人と一緒に数えるといい。

❷　咲いていた花の数だけ，色を塗る。また，花の中の☆には，日付を書く。

❸　2学期の始めに，夏休みに咲いた花の数を全部数える。まず10のかたまりがいくつあるか数えて書く。次に，はんぱがいくつあるか数えて書く。そして，合わせていくつになったのか合計を書く。

❹　最後に，子どもたちは観察させてもらった朝顔さんにお礼を言う。

★ランクup↗情報

・夏休みの実施が中心になります。通信等で保護者に知らせ，お願いをしてください。

・多い日には，10以上の花が咲きます。そのため，花の数がこのワークシートに収まらない子も出てきます。複数枚配付するなど配慮してください。（1枚100輪です）

・たくさん咲いた子だけでなく，毎日ていねいに観察を続けた子をしっかりほめてあげましょう。

（山根僚）

算　数

おはよう！　あさがおさん
なまえ（　　　　　　　　　　　）

夏休み，毎日 あさがおの かんさつを しよう。
きみの あさがおは いくつ 花が さくかな？
花が さいたら ☆の中に 日づけを 書いて，花びらに 色を ぬろう！

れい　⑮

ぜんぶで いくつ さいたかな？　夏休みの さいごに 数えてみよう。
◎10の かたまりが いくつ できたかな？　　　　　　　　　　　りん
◎はんぱは いくつ あったかな？　　　　　　　　　　　　　　　りん
◎ぜんぶで いくつ さいたかな？　　　　　　　　　　　　　　　りん

算数 2 なまえは いくつと いくつ？

> クラスの友達の名前を使って，数の分解についての理解を深めることができます。

ワークシートの使い方

❶ 「あかしや さんま」を例として，やり方を理解させる。7文字が4文字と3文字とに分かれるので，7は4と3。

❷ 自分の名前の分解を考えさせる。

❸ 自分の名前と同じグループの子を探し，ワークシートに記入させる。

❹ クラスの中で，「（ ）は（ ）と（ ）」の名前の子を探す。（ ）には，自分の名前と別のグループの数を入れる。探せたら，ワークシートに記入させる。

★ランクup♪情報

・クラスの中で文字数の一番少ない名前，一番多い名前，担任の名前などに注目させると盛り上がります。

・クラスの友達の名前をたくさん覚えるよい機会にもなります。いろいろなグループに着目させて，子ども同士のつながりを深めましょう。

（伊藤）

算　数

なまえは　いくつと　いくつ？

なまえ（　　　　　　　　　　　　）

れい

| あ | か | し | や | | さ | ん | ま |

⇒　7は　4と　3

■じぶんの　なまえは,

| | | | | | | | | | |

⇒　（　　　）は　（　　　）と　（　　　）

■クラスの　中で,　じぶんと　同じ　グループの　友だちを　見つけよう！

| | | | | | | | | | |
| | | | | | | | | | |

■クラスの　中で,（　　）は（　　）と（　　）の　友だちを　さがしてみよう！

| | | | | | | | | | |
| | | | | | | | | | |

算数
3 合10だ〜！（ガッテンダー！）

> 10の数構成を学ぶ時に役立ちます。楽しみながら繰り返し行うと，合わせて10になる数が反射的に分かるようになります。

ワークシートの使い方

❶ 2人組になり，ジャンケンで先手と後手を決める。

❷ 先手は，1〜10の数のうちランダムに1つ選び，数の名前を言いながら指差す。（例　4の図を指差しながら，「し（よん）」）

❸ 後手は，先手が選んだ数と合わせて10になる数を選び，数の名前を言いながら，指差す。（例　6の図を指差しながら，「ろく」）

❹ 10になると判断したら，2人で「合10だ〜！（ガッテンダー！）」と叫ぶ。

❺ 先手と後手を交代して，次々と行う。制限時間内にたくさん「合10だ〜！」と叫べた2人組が優勝。

★ランクup↗情報

・先手側の図は数の並びを整え，後手側は数の並びをランダムにしてあります。最初は先手側の図をお互いに使ってもよいでしょう。

・10だけでなく，0〜9の数構成を学ぶ時にも使えます。

（髙橋）

算　数

合10だ〜！（ガッテンダー！）

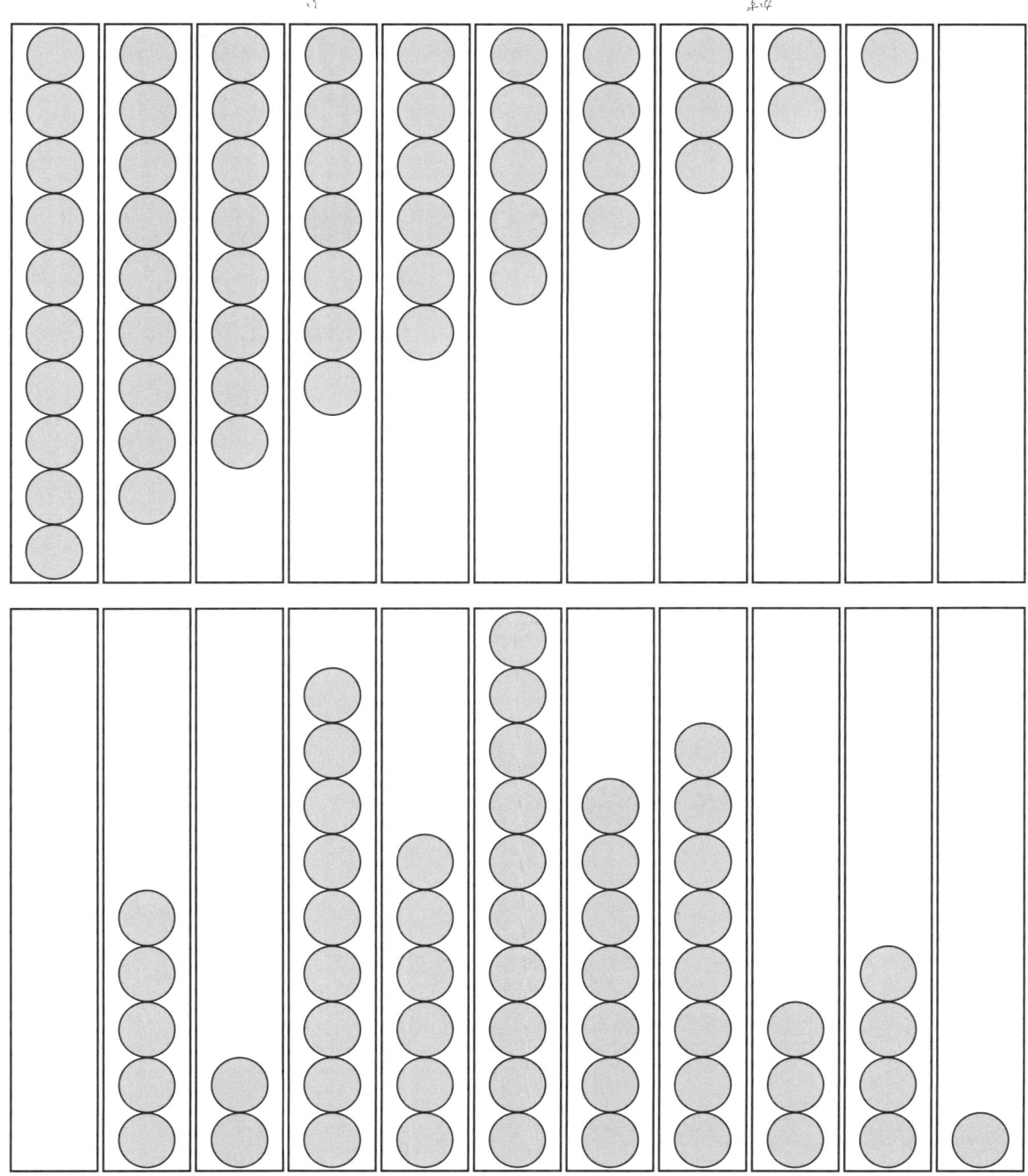

【じゅんび】1〜10の 数を 1つずつ、数の すくない じゅんに ならべ、言いながら、ゆびさします。

【ごて】せんてが えらんだ 数と、あわせて 10に なる 数を えらび、数の なまえを 言いながら、ゆびさします。

算数 4

6は いくつと いくつと いくつ?

> 数の分解の応用として，3つの分解を考えさせます。数の並びの美しさを感じさせることができます。

········· **ワークシートの使い方** ·········

❶ 6個のりんごを3つのグループに分ける。まずは，1人ひとりが考え，ワークシートに書く。

❷ （2と1と3）（4と1と1）など，全員で考えを出し合う。全部で10種類になる。

❸ 左の数が小さい順に並べ替え，ワークシートに書く。
（1と1と4）（1と2と3）（1と3と2）（1と4と1）（2と1と3）
（2と2と2）（2と3と1）（3と1と2）（3と2と1）（4と1と1）

❹ 気づいたことをワークシートに書く。意見交換をすると，子どもたちは数の並びの美しさに共感する。

★ランクup↗情報

・りんご6個の場合以外にも，5個の場合，7個の場合などについて試してみると，数の世界が広がります。ちなみに，3個は1種類，4個は3種類，5個は6種類，7個は15種類になります。　　　　　　（伊藤）

算　数

6は　いくつと　いくつと　いくつ？

なまえ（　　　　　　　　　　　）

■6この　りんごを　分けましょう。

6は　（　　）と　（　　）と　（　　）
6は　（　　）と　（　　）と　（　　）
6は　（　　）と　（　　）と　（　　）
6は　（　　）と　（　　）と　（　　）
6は　（　　）と　（　　）と　（　　）
6は　（　　）と　（　　）と　（　　）
6は　（　　）と　（　　）と　（　　）
6は　（　　）と　（　　）と　（　　）
6は　（　　）と　（　　）と　（　　）
6は　（　　）と　（　　）と　（　　）

■左の　数が　小さいじゅんに　ならべなおすと……

6は　（　　）と　（　　）と　（　　）
6は　（　　）と　（　　）と　（　　）
6は　（　　）と　（　　）と　（　　）
6は　（　　）と　（　　）と　（　　）
6は　（　　）と　（　　）と　（　　）
6は　（　　）と　（　　）と　（　　）
6は　（　　）と　（　　）と　（　　）
6は　（　　）と　（　　）と　（　　）
6は　（　　）と　（　　）と　（　　）
6は　（　　）と　（　　）と　（　　）

■ならべなおして，気づいたことを　書きましょう。

| 算数 5 |

時間の 計算を しよう

> 子どもたちが苦手な時間の計算。「○○方式」と名前をつけながら，どのやり方が自分に向いているか考えることができます。

······ ワークシートの使い方 ······

❶ 子どもたちは，2つの時計の時刻を書き入れる。そして，答え合わせをして，確かめる。答えは，7時45分と8時30分。

❷ 1.の2つの時刻の間の時間を計算する。ワークシートに従って，次の4つの方法で計算する。

(1) 長針を5分ずつ数える。

(2) まず，8時までを数える。次に8時から8時30分までを数える。最後に2つを足す。

(3) 長針が半周すると30分。つまり，ちょうど向かいが，30分。残りの15分を足す。

(4) 7時45分から8時45分までが1時間であることを確かめる。そして，15分引く。

❸ それぞれの方法に名前をつける。

❹ 練習問題を解く。(1)〜(4)のどの方法を選んでやったか書く。

★ランク up ↗ 情報

・名前は，解き方の特徴が分かるもの（花びら方式，お向かい方式など）や考え出した子の名前など，子どもたちのアイディアを取り入れながらつけるといいでしょう。

(吉川)

算　数

時間の　計算を　しよう
なまえ（　　　　　　　　　　）

1. 時こくを　書こう。

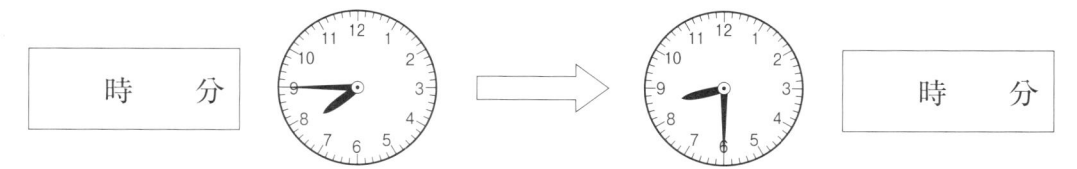

　　　時　　　分　　　　　　　　　　　　　　　　　　　　時　　　分

2. 間の　時間を　計算しよう。いろいろな　やり方で　考えてみよう。

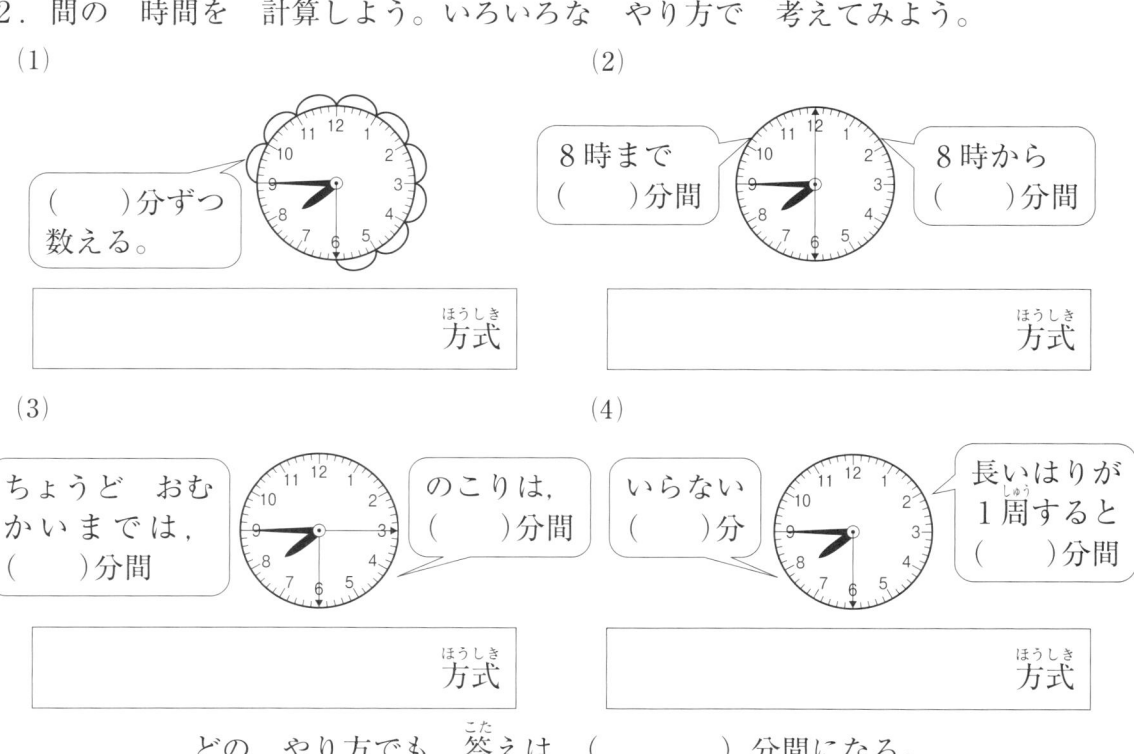

(1) （　）分ずつ　数える。

　　方式

(2) 8時まで（　）分間　　8時から（　）分間

　　方式

(3) ちょうど　おむかいまでは，（　）分間　　のこりは，（　）分間

　　方式

(4) いらない（　）分　　長いはりが1周すると（　）分間

　　方式

どの　やり方でも　答えは，（　　　）分間になる。

3. やり方に　なまえを　つけよう。

4. れんしゅうもんだいを　とこう。どの　やり方で　考えたかな？

　　　　　分間　　　　　　　　　　　　　　　分間

つかったのは，

　　方式

つかったのは，

　　方式

算数 6

おはじきとばし大会

　おはじき飛ばしの対決をしながら，百の位までの数の合成を楽しく学ぶことができます。

ワークシートの使い方

❶　2人組を作らせる。そして，2人組にワークシート1枚とおはじきを配る。

❷　じゃんけんをして，勝った方が先攻。円の中におはじきを置き，指を使っておはじきを飛ばす。

❸　おはじきが止まった所に書かれてある点数が自分の得点となる。右の表の得点の所に「正」の字を書いて記録させる。

❹　交互に5回ずつ行う。5回終わったら，「正」の字を数えて合計点を表に書かせる。

❺　合計点の多かった方が勝ち。全員が終わったところで勝った子を立たせ，クラス全員で拍手を贈る。

★ランクup↗情報

・各得点に「0」を付け足して，「1000」「100」「10」として遊ぶこともできます。そうすれば，千の位までの合成を学ぶ時にも使えます。

（藤原）

算数

おはじきとばし大会

なまえ		
100		
10		
1		
合計点		

* 2人組で じゃんけんをして かった 人から おはじきを とばそう。
* 止まったところの 点を 上の ひょうに 正の字で きろく しよう。
* 5回 やって 合計点の 高かった 人が かち！

クラスチャンピオン

かかってこいやぁ

算数 7 すてきな リボンやさんに なれるかな？

> 子どもたちはお店屋さんごっこが大好き。リボン屋さんになりきって，子どもたちが意欲的に取り組むワークシートです。楽しみながら，長さの量感や長さの測り方を身に付けることができます。

ワークシートの使い方

❶ 教師がお客さん役になり，「○cm○mmのリボンをくださいな」と言う。子どもたちは，注文を聞き取り，「ちゅうもんの長さ」の（　）に数字を書く。

❷ 子どもたちは，注文の長さに合うように定規を使わないでリボンに色を塗る。

❸ 塗り終わったら，ワークシートを隣の席の子と交換する。そして，定規で塗っている長さを測る。

❹ 測り終わったら，「ぬった長さ」の（　）に長さを書いて返す。

❺ 注文の長さに一番近かった人を聞く。教師は「素敵なリボン屋さんに拍手〜！」と言い，一番近い子にクラス全員で拍手を贈る。

★ランクup♪情報

・測り間違うこともあるので，数人に長さを測らせてもよいでしょう。

（藤原）

算　数

すてきな　リボンやさんに　なれるかな？

なまえ（　　　　　　　　　　　　）

あなたは　リボンやさんの　たまごです。

おきゃくさんの　ちゅうもんどおりの　長さに　リボンを　ぬりましょう。

ちゅうもんに　一番　近い　長さを　ぬることの　できた　人が　すてきな　リボンやさんです。

リボンいかがですか？

（れい）

ちゅうもんの　長さ　　（　5　）cm（　5　）mm

ぬった　長さ　　　　　（　4　）cm（　5　）mm

①

ちゅうもんの　長さ　　（　　）cm（　　）mm

ぬった　長さ　　　　　（　　）cm（　　）mm

②

ちゅうもんの　長さ　　（　　）cm（　　）mm

ぬった　長さ　　　　　（　　）cm（　　）mm

算数 8

まわりの 長さは 何m？

図形感覚を養いながら，長さの計算練習をすることができます。

・・・・・・・・・・・・・・・・・・ ワークシートの使い方 ・・・・・・・・・・・・・・・・・・

❶ 子どもたちは(1)の問題を解く。考える時に，向かい合う辺の長さが等しいことに気づかせる。

　　8 + 8 + 14 + 14 = 44（m）

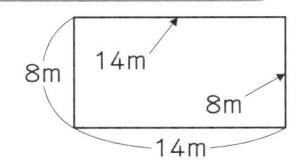

❷ 続けて(2)，(3)の問題を解く。難しい時は，友達と相談OKにする。右の図のように考えるとよい。

(2) 12 + 12 + 20 + 20 = 64（m）

(3) 10 + 10 + 15 + 15 + 3 + 3 = 56（m）

❸ (4)の問題にも挑戦する。これは最初から相談OK。まずは，子どもたちは何ヵ所の長さが分かればよいか相談して，教師のところへ言いにくる。正解の「3ヵ所」と答えた子には，どこの長さが知りたいか聞く。そして，3ヵ所の長さを教える。子どもたちは教えてもらった長さを元に，まわりの長さを計算して求める。

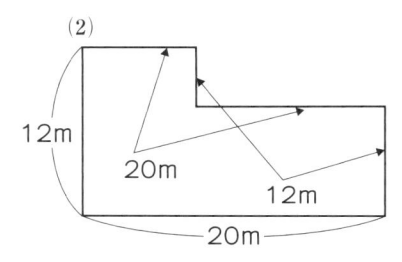

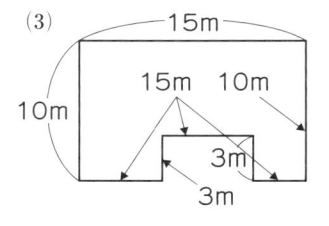

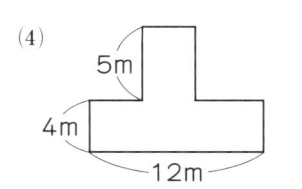

（例）　5 + 5 + 4 + 4 + 12 + 12 = 42（m）

★ランクup♪情報

・(4)はオープンエンドの問題です。個々の考え方を大切にしましょう。

（伊藤）

算　数

まわりの 長さは 何 m？

なまえ（　　　　　　　　　　　　　　）

■つぎのような 形の 花だんが あります。まわりの 長さは 何mでしょう？

(1) 8m / 14m

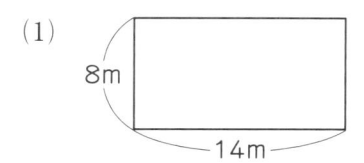

_____ m

(2) 12m / 20m

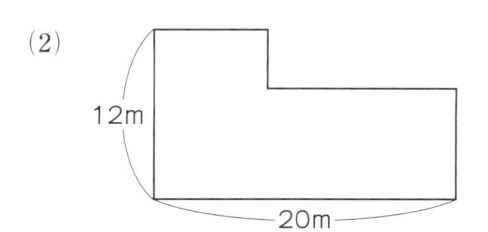

_____ m

(3) 15m / 10m / 3m

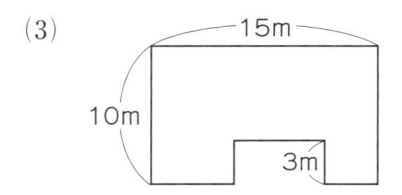

_____ m

(4) ① 何カ所の 長さが わかれば，まわりの 長さが わかるかな？

_____ カ所

② ①に せいかいした 人には，◯カ所の 長さを おしえます。

まわりの 長さを もとめましょう。

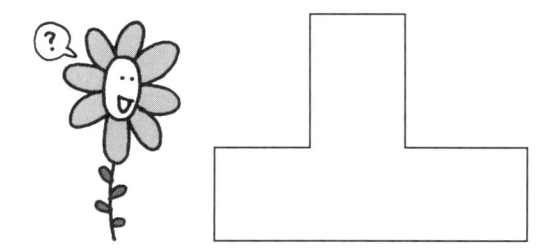

_____ m

算数 9

ダジャレ九九を 見つけよう！

子どもたちはダジャレが大好きです。ダジャレを楽しみながら，九九を覚えることができます。

・・・・・・・・・・・・・・・ ワークシートの使い方 ・・・・・・・・・・・・・・・

❶ 「はっぱ」を例として，ダジャレ九九の意味を理解させる。

葉っぱの絵→はっぱ→8 × 8 = 64

❷ 絵から「なまえ」「九九」を考え，ワークシートに書かせる。

（髪をとかす）くしの絵→くし→9 × 4 = 36

肉の絵→にく→2 × 9 = 18

❸ 子どもたちは，他にダジャレになっている九九を探す。見つけたら，「絵」「なまえ」「九九」をワークシートに書く。

❹ クラス全員で問題を出し合う。出題者が黒板に絵を描き，何の九九なのかを全員で予想する。

★ランク up ♪情報

・フラッシュカードに絵を描いてもおもしろいです。たとえば，フラッシュカードに肉の絵を描きます。その絵を見た子どもたちに「18」と答えさせる形です。子どもたちは大喜びで取り組みます。　　　　（伊藤）

算　数

ダジャレ九九を　見つけよう！

なまえ（　　　　　　　　　　　）

■絵に　あう　なまえと　九九を　書きましょう。

絵	なまえ	九九
	はっぱ	8 × 8 = 64

■ダジャレ九九を　見つけよう！　見つけたら　絵・なまえ・九九を　書きましょう。

絵	なまえ	九九

算数 10 かくされた あんごうを あばこう!!

> 1問ずつ問題を解き進めていくと，隠された暗号をあばくことができます。子どもたちは，暗号をあばこうと意欲的に九九の問題に取り組みます。

ワークシートの使い方

❶ 教師は「問題をどんどん解いていくと，隠された暗号をあばくことができます」と説明をする。

❷ さらにワークシートの「れい」を元に，「4×2＝8です。【あんごうのカギ】を見ると，『8…き』となっているので『れい』の暗号は『き』になります」と説明する。

❸ 「かくされたあんごうを」（教師）「あばこう!!」（子どもたち）の掛け声と同時にスタートする。

❹ 12問全ての答えを書き，暗号をあばいた子は，教師の所にワークシートを持っていく。

❺ 教師は見事に暗号をあばいた子のワークシートに花丸をする。そして，「きみもこれで九九めいじん!!（暗号の答え）」と声をかけ，その子とハイタッチをする。

★ランクup♪情報

・探偵気分で暗号を解かせると，より雰囲気が出て盛り上がります。

・早く終わった子は，なかなか暗号をあばくことができない子に教えてあげる先生役にします。すると時間差ができません。

（友田）

算数

かくされた あんごうを あばこう!!

なまえ（　　　　　　　　　　）

①～⑫の もんだいの 答えを 書きましょう。下の【あんごうの カギ】を ヒントに あんごうを あばいてね。

なんという あんごうが かんせい するかな？

(れい)　4×2 = [8]　(【あんごうの カギ】の8を 見ると [8…き] と 書いて あるので あんごうは 「き」)

① 3×7 =　　　② 4×5 =　　　③ 1×2 =

④ 7×6 =　　　⑤ 9×8 =　　　⑥ 6×4 =

⑦ 8×3 =　　　⑧ 2×7 =　　　⑨ 5×6 =

⑩ 9×6 =　　　⑪ 8×8 =　　　⑫ 7×9 =

【あんごう】

れい	①	②	③	④	⑤	⑥	⑦	⑧	⑨	⑩	⑪	⑫
き												

【あんごうの カギ】

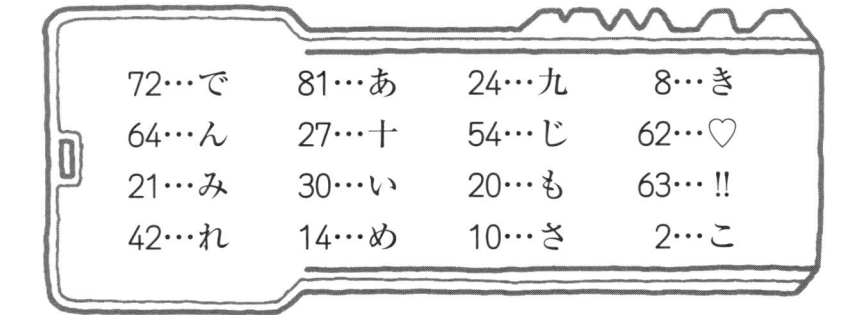

72…で　81…あ　24…九　8…き
64…ん　27…十　54…じ　62…♡
21…み　30…い　20…も　63…!!
42…れ　14…め　10…さ　2…こ

生活 1 学校たんけんに 行こう!!

> 様々なチェックポイントを用意することで，子どもたちが楽しく学校探検に取り組めます。また，特別教室でのマナーやルールを教えることができます。

・・・・・・・・・ ワークシートの使い方 ・・・・・・・・・

❶ 教師は，特別教室で見てほしいものや，してほしいことをチェックポイントとして，ワークシートに書いておく。

❷ 1人に1枚ワークシートを配る。子どもたちはワークシートと鉛筆を持って学校探険に行く。

❸ 子どもたちは，いろいろな特別教室に行く。そして，チェックポイントに書いてあることをする。達成したら，丸で囲む。

❹ ○ができた数を聞き，合格した子に拍手を贈る。また，一番多かった子に拍手を贈る。

★ランクup♪情報

・合格点は探検に行く前に教師が伝え，（　）に書かせます。全員が合格できるくらいの合格点を設定するとよいでしょう。

・特別教室ですることだけでなく，「廊下を走らない」「決められた時刻までに帰ってくる」という約束事もチェックポイントに入れておきます。すると，子どもたちは一生懸命，約束を守ろうとします。　　　　　（藤原）

生活

学校たんけんに 行こう!!

なまえ（　　　　　　　　　　）

■見つけたり やったりした ものに まるを しましょう。
　いくつ まるが できるかな？

■（　　　　）こ まるが できたら ごうかくです！

		チェック ポイント	
へやの なまえと やくそく	やくそく	ろうかを 走らない	
	しょくいん室	「しつれいします」と 言ってから 入る	（　　　　　　）先生の つくえを 見つける
	校長室	「しつれいします」と 言ってから 入る	校長先生と きねんさつえいを する
	ほけん室	「しつれいします」と 言ってから 入る	ベッドを 見つける
	りか室	水の 入った 入れものを 見つける	がいこつを 見つける
	音楽室	ピアノを 見つける	ベートーベンを 見つける
	図工室	大きな ふでを 見つける	（　　　　　　）先生の にがおえを 見つける
	かていか室	ミシンを 見つける	長いものさしを 見つける
	たいいくかん	とびばこを 見つける	たいいくかんの まん中で ジャンプする
	図書室	『おおきな かぶ』の 本を 見つける	おしゃべりを しない
	やくそく	きめられた 時こくまでに 帰ってくる	

＊いくつ まるが できましたか？　　□こ

生活 2　たねを　よく　見よう
―中は　何色？―

　　生活科で育てるあさがお。黒い種から，緑の芽が出て，赤や青の花が咲くことは，大人にとっても不思議です。１年生の子どもたちは，あさがおの種の中身を「お花の色と同じ」「葉っぱの色の緑」など，とても楽しい予想をしてくれます。

・・・・・・・・・・・ ワークシートの使い方 ・・・・・・・・・・・

❶　はじめに，子どもたちは種をじっくり観察し，色・形・大きさを記録する。枠からはみ出そうなぐらい，できるだけ大きく描かせるとよい。

❷　種の中身は何色か予想する。また，予想した理由も書く。「虹色，あさがおにはいろいろな色があるから」など，ユニークな意見がどんどん出る。

❸　種を切って実際に中を観察する。子どもの力では少し硬いので，大人が切るようにする。

❹　中の色を記録する。種の中が白いことに子どもたちは驚く。教師が「白い花が咲くんじゃない」と言うと，子どもたちは「絶対に違う」と反論する。

★ランクup↗情報

・１年生でも予想をして確かめるおもしろさを味わうことができます。
・他の植物の種も切って比べてみるとおもしろいです。
・種をしばらく水につけておくと，切りやすくなります。　　　　　（吉川）

生　活

たねを　よく　見よう　—中は　何色(なにいろ)？—

なまえ（　　　　　　　　　　）

1．あさがおの　たねを　よく　見て　かこう。

色は？
（　　　　　　　　）色

形(かたち)は？
（　　　　　　　　）みたい

大きさは？
（　　　　　　　　）ぐらい

2．たねの　中は　何色だろう。よそうしよう。
（　　　　　　　　　　）色

どうしてかな？

先生に　たねを　切(き)ってもらって　たしかめよう。

3．よそうは　あたったかな？　思(おも)ったことを　書(か)こう。

生活 3 たねを 水に つけよう
― はじめに どこから 出てくる？ ―

> あさがおの種を水につけます。子どもたちは土に埋めなくても「芽」や「根」が出てくることに驚きます。また，種から一番先に出るのは「芽」ではなく「根」であることを確かめられます。

ワークシートの使い方

❶ 土がなくても「芽」や「根」が出てくるのか？ 種から一番先に出てくるのはどこか？ 子どもたちは予想してワークシートに書く。

❷ プラスチックの透明な容器の中にぬれた脱脂綿を入れる。その上にあさがおの種を置く。

❸ 4日間，観察を続けさせる。ワークシートに絵を描き，気がついたことも書かせる。

❹ 一番先に出てきたのはどこか？ 確かめる。「芽」ではなく，「根」であることに子どもたちは驚く。

はじめはどこから出るかな？

★ランクup↗情報

・土の中で見えない発芽の様子が，簡単に観察できます。一番に出るのは「根」なのに，土の上を見ている人間は「芽が出る」という言葉を使うおもしろさにも気がつきます。

・そのまま脱脂綿をぬらしておくと，種の養分と水分と光だけで成長し，種の力が分かります。花を咲かせたり，種をつけたりすることもあります。

(吉川)

生　活

たねを　水に　つけよう

なまえ（　　　　　　　　　　　）

1．あさがおの　たねを　水に　つけよう。土が　なくても　めや　ねは　出るかな？　よそうして　○を　しよう。

出る　・　出ない

2．出るとしたら　先に　出るのは？　よそうして　○を　しよう。

め　・　ね

3．毎日　かんさつしよう。

○1日め（　　月　　日）

　気が　ついたことも　書こう。

○2日め（　　月　　日）

○3日め（　　月　　日）

○4日め（　　月　　日）

4．はじめに　どこから　出てきたかな？　○を　してね。

め　・　ね

生活 4 あさがおと せいくらべ しよう

> あさがおと背比べ。子どもたちは、あさがおがとても長く育っていることを実感します。

ワークシートの使い方

❶ あさがおの種を全部取る。土からぬいて、しっかり土をはらう。そして、あさがおのつるをほどく。

❷ 子どもたちは、あさがおのつるの隣に寝転ぶ。寝転んでいる友達を見て、体のどの辺りまで伸びているのかを絵で記録する。友達の名前も書いておく。

❸ 次は、言葉でどれぐらいあったかを記録する。「身長が113センチの○○さんと同じくらい」「教室の長定規と同じくらい」と同じくらいの長さの物を見つけさせるとよい。

❹ 根っこもほぐして、どれぐらい伸びていたのかを確かめて絵で描く。

❺ 最後にあさがおのつるを輪の形に巻いてリースを作る。

★ランクup↗情報

・1年生はまだcmやmは習っていませんが、これを機会に使わせてしまいましょう。身体測定で測った自分の身長と比べさせたり、教室にある1m定規と比べさせたりするとよいでしょう。

・クラス全員のつるを合わせて大きなリースを作っても楽しいです。もちろん、1人ひとりで小さなリースを作ってもOKです。　　　　　（吉川）

生　活

あさがおと　せいくらべ　しよう

なまえ（　　　　　　　　　　　）

友（とも）だちを　見て　あげて　どのくらい　あったか　絵（え）でかこう。

せいくらべ　した　友だちの　なまえ

1．たねを　とった　あさがおと　せいくらべ　してみよう。

　みんなの　せと　あさがおの　つる，どっちが　長いかな。

　つるを　ほどいて　かんさつしよう。

2．どれぐらい　あったか　ことばでも　書（か）いてみよう。

　（れい）　しんちょうが　113センチの　○○さんと　同（おな）じくらい。

　　　きょうしつの　長じょうぎと　同じくらい。

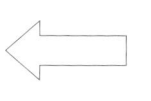

3．土の　中は　どうなって　いたかな。ねっこの　絵（え）も　かいて　みよう。

○かんさつが　おわったら，リースを　作（つく）ろう。

生活 5　フィールドビンゴを　しよう

子どもたちが大好きなビンゴを使った季節さがしです。子どもたちは1つでも多く見つけようと，五感を働かせて季節を感じ取ります。

ワークシートの使い方

❶ 1人に1枚ワークシートを配る。子どもたちは，【ここから　えらぼう】の中から選び，あいている8マスを埋める。また，真ん中の「特別な春」コーナーには，自分が見つけた「春」を感じるものなら何を入れてもいいことを説明する。

❷ 教師は，見つけたものに○をし，たくさんビンゴした人が勝ちというルールを伝える。また，「○時○分までに教室に帰ってくる」と約束をしておく。1分遅れるごとに1ビンゴ取り消し。

❸ 子どもたちは，外に出てビンゴゲームをする。

❹ 全員が教室に帰ってきたら，ビンゴの数を数えて，ワークシートに書く。一番多くビンゴした子が優勝。

❺ 最後に「特別な春」に何を書いたか，発表させる。

★ランクup↗情報

・「特別な春」コーナーに，見たものだけではなく匂いや音，手触りなどを書いている子をほめるとよいでしょう。すると，子どもたちは，五感を働かせて観察するようになります。

・【ここから　えらぼう】を変えれば，「夏」「秋」「冬」への応用もできます。

（友田）

生 活

フィールドビンゴを　しよう

なまえ（　　　　　　　　　　）

■春を　かんじる　ものを　いくつ　見つけられるかな？

・右の　【ここから　えらぼう】から，すきな　ものを　えらんで　しかくに　書きます。
・まん中には，自分が　見つけた　「とくべつな　春」を　書きます。
・見つけたら，〇を　してください。
・たて，よこ，ななめ，どれでも　1れつ　そろったら，ビンゴです。いくつ　ビンゴできるでしょうか？

【ここから　えらぼう】

> 黄色い花　　とんでいる虫
> 地めんをはう虫　　あまいにおい
> やわらかいはっぱ　　くものす
> さくら　　鳥の鳴き声　　タンポポ

	ぼく・わたしが見つけた とくべつな　春 【　　　　　　】	

ビンゴした　数（　　　　　　　）

生活 6

2つの きせつを 見つけよう

> 「8月は夏」だと思いがちですが，暦では「立秋」を迎えます。夏まっさかりの時にも，自然は秋の季節の準備をしているのです。季節の変化に気付く「アンテナ」を身につけることができたら，日々の観察はもっと楽しくなります。

ワークシートの使い方

❶ 観察に行く前に日付を確認し，教師は「今日の季節は何だと思う？」と聞く。子どもたちは，理由と一緒にワークシートに記録する。理由は「暑いから」など，簡単なものでよい。

❷ 活動場所で今の季節と次の季節を探す。左の欄に「夏」「秋」などと季節を書き入れ，それぞれ，目・耳・鼻などに分けてワークシートにどんどん記録していく。

❸ どんなものを見つけたか，どちらの季節が多かったか話し合う。

★ランクup⤴情報

・慣れてくると，「前の季節の残り」など，3つの季節を見つけることができます。また，「1日の中でも季節が変わる」（例えば，「昼間はセミ，夜は秋の虫が鳴いている」）など，おもしろい気付きも生まれます。

・グラウンドなどの自然だけでなく，お店でも調べるとよいでしょう。お店は秋の真っ盛りに冬物衣料を売っているなど，季節を先取りしています。なぜ，早めに準備しているのか考えたりインタビューしたりするとおもしろいです。

（吉川）

生　活

2つの　きせつを　見つけよう

なまえ（　　　　　　　　　　　　　　）

1. 今の　きせつは……？

　　　　　　　　　　　　　　

　りゆうは,

2. 目や　耳，はななどを　つかって，2つの　きせつを　見つけに　いこう。

　　　月　　　　日　　　　時間目　　　　場所

きせつ	目	耳	はな	

○どちらの　きせつが　多かったかな？　（　　　　　　　　　）

生活 7　言いまちがいを　しらべよう！

> 小さい子はユニークな言い間違いをするものです。自分が小さいころ言っていた言い間違いを調べることで，成長を実感できます。また，正しい言葉を覚えることができます。

ワークシートの使い方

❶　子どもたちは，ワークシートに書いてある言い間違いを正しく書き換える。制限時間は，5分間。

❷　答え合わせをする。正解は，①まきもどし，②おたまじゃくし，③エレベーター，④やわらかい，⑤ぎっくりごし，⑥くるぶし，⑦ぶんぼうぐやさん，⑧としょかん。「えっ⁉　俺，『エベレーター』だと思ってた！」など，どこが間違いなのか分からない子もいて，盛り上がる。

❸　小さい頃にこんな言い間違いをしていなかったか聞く。ユニークな言い間違いが発表され，さらに盛り上がる。

❹　子どもたちは家に帰って，自分が小さい頃，どんな言い間違いをしていたか聞いてくる。兄弟の言い間違いもOK。ワークシートに書く。

❺　調べてきた言い間違いを発表し合う。言い間違いを発表し，正しい言葉は何かを当てるクイズにすると楽しい。

★ランクup♪情報

・1，2年生だと，まだ言葉を間違ったまま覚えている子も多くいます。これを機会に正しい言葉を教えてしまいましょう。　　　　　　　（中村）

生　活

言いまちがいを　しらべよう！

なまえ（　　　　　　　　　　　　　）

■小さい　子の　言いまちがいです。
　正しい　ことばに　なおせるかな？

①　まきどもし	→	（　　　　　　　　　）
②　おじゃまたくし	→	（　　　　　　　　　）
③　エベレーター	→	（　　　　　　　　　）
④　やらわかい	→	（　　　　　　　　　）
⑤　びっくりごし	→	（　　　　　　　　　）
⑥　くるりぶし	→	（　　　　　　　　　）
⑦　びんぼうぐやさん	→	（　　　　　　　　　）
⑧　とこしゃん	→	（　　　　　　　　　）

■自分は　どんな　言いまちがいを　していたかな？
　おうちの　人に　聞いてみよう！
　きょうだいの　言いまちがいでも　いいよ。

言いまちがい	正しいことば
	→
	→
	→
	→
	→

生活
8 校歌の ことば，知ってる？

> 校歌の歌詞には学校や地域のことがたくさん出てきます。そのため，校歌を取り上げると，学校や地域に目を向けさせることができます。また，歌詞の内容を理解することで，きちんと意味を考えながら校歌を歌うようになります。

・・・・・・・・・・・・・ ワークシートの使い方 ・・・・・・・・・・・・・

❶ クラス全員で校歌を歌う。

❷ 子どもたちに歌詞の意味のわからない言葉を言わせる。教師は，出てきた言葉を板書する。

❸ 子どもたちは，校内の先生（校長，教頭，音楽専科などにお願いしておく）にインタビューし，分かった意味をワークシートに書く。

❹ 分かった言葉の意味から歌詞が表している様子や思いを考え，イメージを絵に表す。

❺ 子どもたちは，これからどのように校歌を歌いたいのかを書き，発表する。そして，最後にもう一度，意味を考えながら校歌を歌う。

★ランクup♪情報

・校歌を歌う前に「この言葉はこういう意味だったね」と声をかけてみましょう。それだけで，校歌に対する思いが増し，大きな声で上手に歌ってくれます。

（藤原）

生　活

校歌の　ことば，知ってる？

なまえ（　　　　　　　　　）

♪校歌の　中で　わからない　ことばは　なんですか？
　左の　四角の　中に　書きましょう。

わからない　ことば	ことばの　いみ

♪（　　　　　　　）先生に　わからない　ことばの　いみを　しつもん　しましょう。わかったら　右の　四角の　中に　書きましょう。

♪校歌の　ことばの　ようすを　絵で　かきましょう。

（　　　）番の　絵

♪これから　どのように　校歌を　歌いたいですか？

生活
9

お店の 人の ふくそうを 見てみよう

生活科で行くお店調べ。せっかくなので，2つのお店を比べてみましょう。特に，お店の人の服装に着目させると，子どもたちは，お店の仕事の違いに気が付きます。

.... ワークシートの使い方 ....

❶ 子どもたちは，お店調べに行く。
❷ お店の人にお願いして，どんな服装でお仕事をしているか見せていただく。そして，服装の絵をワークシートに描く。インタビューができたらさせていただく。
❸ 違うお店に行く。
❹ 同じように，お店の人の服装を記録する。
❺ 2つのお店の人の服装を比べて，似ているところや違うところを箇条書きする。

★ランク up ♪ 情報

・あらかじめ，お店の人に服装の絵を描かせていただくことをお願いしておきましょう。子どもたちがインタビューすると，その服装の理由や機能性などについて説明してくださいます。
・スーパーの売り場による服装の違いを調べてもおもしろいです。お惣菜を作っている人とレジの人の服装は大きく違うことなどがよく分かります。

(吉川)

生 活

お店の 人の ふくそうを 見てみよう
なまえ（　　　　　　　　　　）

1. お店の 見学に 行きましょう。お店の 人は、どんな ふくそうを している かな。絵に かいてみましょう。

お店の なまえ	お店の なまえ

2. 2つの お店の 人の ふくそうで、にているところや ちがうところは あったかな。気が ついたことを 書きましょう。

・
・
・
・

61

生活
10

やさいは どこから？
―なまえに ちゅうもく！―

> 野菜の名前には，どこからやってきたかの秘密が隠れています。育てている野菜や普段食べている野菜が外国からやってきたことを知り，子どもたちは驚きます。

······· **ワークシートの使い方** ·······

❶ 「さつまいも」の「さつま」は，どこのことかを調べる。「さつま（薩摩）」は鹿児島県のこと。

❷ 国語辞典で「さつまいも」を調べる。「りゅうきゅういも」「からいも」などの別の名も書かれている。「りゅうきゅう（琉球）」は沖縄，「から（唐）」は中国。地図でどこかを確かめるとよい。

❸ 「かぼちゃ」「じゃがいも」も，国語辞典によっては，語源が載っている。どこを通って日本に伝わったかを確かめる。（かぼちゃはカンボジアから，じゃがいもはジャカルタから来た「じゃがたらいも」。どちらもアメリカ大陸原産と言われている）

❹ 他の野菜も調べてみる。漢字で書くと，どこから来たのか分かるものもある。キュウリは「胡瓜」で「胡」は，中国の西の方の異民族のこと。「西瓜（すいか）」はアフリカ原産で西アジアを通って伝来。「西」は中国の西の方（西域）から来た意味を表す。

❺ いろんな野菜の原産地を世界地図でさがし，確認させる。

★ランクup↗情報

・他の野菜の漢字調べもすると，おもしろいです。　　　　　　　　（吉川）

生　活

やさいは　どこから？　―なまえに　ちゅうもく！―
なまえ（　　　　　　　　　　　）

1. やさいの　なまえを　国語辞典で　しらべてみよう。

○さつまいも　　　　　　　ほかにも　なまえが　あるよ。
（　　　　　　）いも

どこの　ことかな？　　（　　　　　　）いも

○さつまいもは、どこから　やって　きたのかな？

○かぼちゃ……にた　なまえの　国が　あるよ。

○じゃがいも……ある国の　しゅとの　なまえが　入って　いるよ。

2. ほかの　やさいも　どこから　来たのか　しらべてみよう。
　　かん字で　書くと　ヒントが　あるかも……。
　　（　）に　かん字を　しらべて　書こう。

きゅうり　（　　　　　）

すいか　　（　　　　　）

3. しらべた　ところを　せかい地図で　さがしてみよう。

学活 1

なまえビンゴ

> 友達にマスの数だけ名前を書いてもらいます。そのため，たくさんの人に声をかけ，話をすることになります。4月の最初，まだお互いの名前もよく分からない時期にやってみてください。お互いの名前を覚えるのはもちろん，子ども同士の距離がグッと縮まるのが実感できます。

ワークシートの使い方

❶ 子どもたちは教室を回って，クラスの友達に名前（フルネーム）をひらがなで書いてもらう。9人に声をかけ，9つのマス全てを埋める。

❷ 席に戻ってビンゴ大会をする。教師は適当に，1人ずつ名前を発表する。言われた名前には，○を付けさせる。

❸ 縦，横，斜め，どれでもリーチになったら，「リーチ！」と大きな声で言って立つ。

❹ ビンゴになったら，「ビンゴ！」と大きな声で言う。ビンゴした子には，クラスみんなで賞品の拍手を贈る。

❺ 全員がビンゴになるまで続ける。ビンゴした子は2つ目のビンゴ，さらには「全ビンゴ（全てに○）」を目指させるとよい。

★ランク up♪情報

・男子からも女子からも名前を書いてもらった子が早くあがれるようにしたいものです。そのためには，教師が，男女交互に名前を発表していくとよいでしょう。すると，2回目からは，男子にも女子にも声をかけ，名前を書いてもらうようになります。

（原）

学　活

なまえビンゴ

なまえ（　　　　　　　　　　　）

① 9つの □に クラスの 人の なまえ（フルネーム）を ひらがなで 書いて もらいます。

② 先生が クラスの 人の なまえを 言います。言われた なまえに ○を してください。

③ たて・よこ・ななめに ○が そろえば ビンゴです。

④ リーチに なっときと，ビンゴに なったときは 大きな 声で 言ってください。

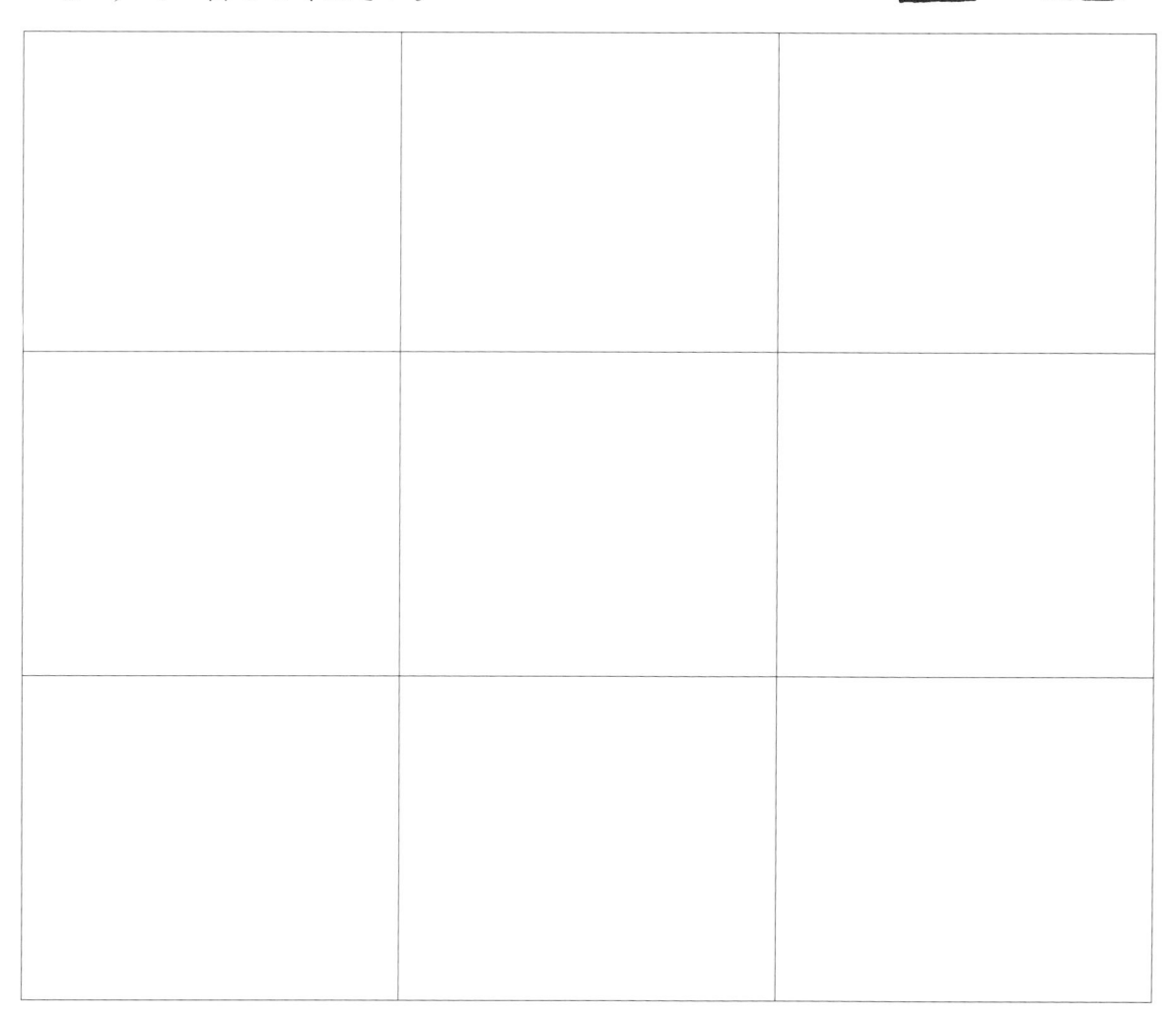

けっか→（　　　　）ビンゴ

学活2 友だちビンゴ

> 子どもたちは，たくさんビンゴしたくて，友達にどんどん質問をします。そして，友達のことをたくさん知ることができます。新学期の学級づくり，人間関係づくりに役立ちます。

ワークシートの使い方

❶ ワークシートを配り，説明を読み聞かせる。ルールは，一斉音読し，徹底する。

❷ 子どもたちはワークシートと鉛筆を持って，教室を立ち歩く。そして，次々に質問をする。制限時間は，5分間。

❸ 質問に当てはまる人を見つけたら，サインをしてもらう。サインが，縦，横，斜め，どれでも揃えば1ビンゴ。

❹ 5分後，いくつビンゴできたか，ワークシートの一番下に書く。全てサインがうまれば，8ビンゴ。

❺ 教師は「0ビンゴの人？」「1ビンゴの人？」……と聞き，子どもたちに手を挙げさせる。一番多くビンゴした子を立たせ，クラスみんなで拍手を贈る。

★ランク up ↗ 情報

・クラスで孤立しがちな子の情報を入れておくといいでしょう（たとえば，その子が水泳が得意なら，「25m泳げる」など）。すると，子どもたちがどんどんその子に質問をします。そして，それが友達づくりのきっかけになります。

（中村）

学 活

友だちビンゴ

なまえ（　　　　　　　　　　）

■つぎの もんだいに あう人を 見つけて，マスに サインを もらいましょう。
たて，よこ，ななめ，どれでも 1れつ そろえば，ビンゴです。

たくさん ビンゴした人が エライ！ がんばって多くの人に インタビューしましょう。

ただし，つぎの ルールを まもってください。

(1) インタビューは，ひとりに 1回だけ。「なん月 生まれですか？」「きょうだいは いますか？」など 聞く。
(2) サインも ひとりに 1回だけ。
(3) 男子からも 女子からも かならず サインを もらう。

4月か 10月 生まれ。	カレーより おすしが すき。	しゅう字を ならっている。
さかあがりが できる。	兄か 姉が いる。	犬を かっている。
ピアノが ひける。	算数が すき。	トマトが きらい。

ビンゴした数……（　　　　）

学活 3

じこしょうかい 3たくクイズ

> 子どもたちはクイズが大好き！　クイズを楽しみながら，友達についてたくさん知ることができます。

······················ ワークシートの使い方 ······················

❶ 「中村先生の好きな食べ物は何でしょう？　1番カレー，2番ラーメン，3番ハンバーグ」と最初に教師が問題を出す。

❷ 教師の「せーの，ドン」に合わせて，子どもたちは正しいと思う番号を指で出す。指を出させたまま正解発表。「正解は，……2番のラーメンでした」と言うと歓声が上がる。

❸ ワークシートを1人1枚配る。まずは，「好きな食べ物は何でしょう？」の問題をみんなで作る。①～③のどれかに好きな食べ物を書かせる。そして，他の2つは適当に考えて書かせる。

❹ 子どもたちが3択クイズの作り方を理解できたら，1人ひとりで残りの3つを作らせる。問題も自分で考える。

❺ 教室を立ち歩いて出会った2人組でお互いに1問ずつ出し合う。次々と相手を変えて出題し合い，5分間でたくさんの問題に正解した人が勝ち。「1問正解の人？」「2問正解の人？」……と正解した数を聞いていき，1番多かった子には賞品の拍手を贈る。

★ランク up♪情報

・班に分かれてクイズ大会をする，教師が集めて読み上げる，班で相談して答えるなど，いろいろな出題・回答方法で楽しめます。　　　　　（中村）

学 活

じこしょうかい 3たくクイズ

なまえ（　　　　　　　　　　）

■自分を しょうかいする 3たくクイズを 4つ 作りましょう。

【だい1もん】 （ぼく・わたし）の すきな 食べものは なんでしょう？
　　①
　　②
　　③

せいかいは，◯ばん

【だい2もん】 （ぼく・わたし）の
　　①
　　②
　　③

せいかいは，◯ばん

【だい3もん】 （ぼく・わたし）の
　　①
　　②
　　③

せいかいは，◯ばん

【だい4もん】 （ぼく・わたし）の
　　①
　　②
　　③

せいかいは，◯ばん

学活 4 クイズ わたしは だれでしょう

> クラスの仲間の情報は，意外と知らないもの。特に低学年であればなおさらです。ゲーム感覚で，友達とお互いに理解し合うことができます。4月・5月の学級づくりに有効です。

ワークシートの使い方

❶ 子どもたちは(1)〜(8)の質問の答えをワークシートに書く。教師はワークシートを回収する。

❷ 教師は1枚のワークシートを選んで，読みあげる。「好きな食べ物は，リンゴ。好きなことは，サッカー……」など。

❸ 誰のワークシートか分かった子は，手を挙げて発表する。正解者が出たら，その子に拍手を贈る。

❹ 教師は「○○くんの好きな食べ物はリンゴ」などと，その子の情報をもう一度最初から最後まで読み聞かせる。

❺ ワークシートをかえて，❷〜❹を繰り返す。

★ランクup↗情報

・全員のワークシートを出題し終えたら，「○○くんの好きな食べ物は何でしょう？」「○○さんがよく遊ぶのは誰でしょう？」などパターンを変えてクイズをしてもおもしろいです。

(原)

クイズ　わたしは　だれでしょう

なまえ（　　　　　　　　　　　　）

① (1)〜(8)の　しつもんに　答えてください。
② 先生が，この　しつもん用紙を　あつめます。
③ あつめた　しつもん用紙を　先生が　読みあげます。
④ この　クラスの　だれか　わかった　人は　手を　あげてください。

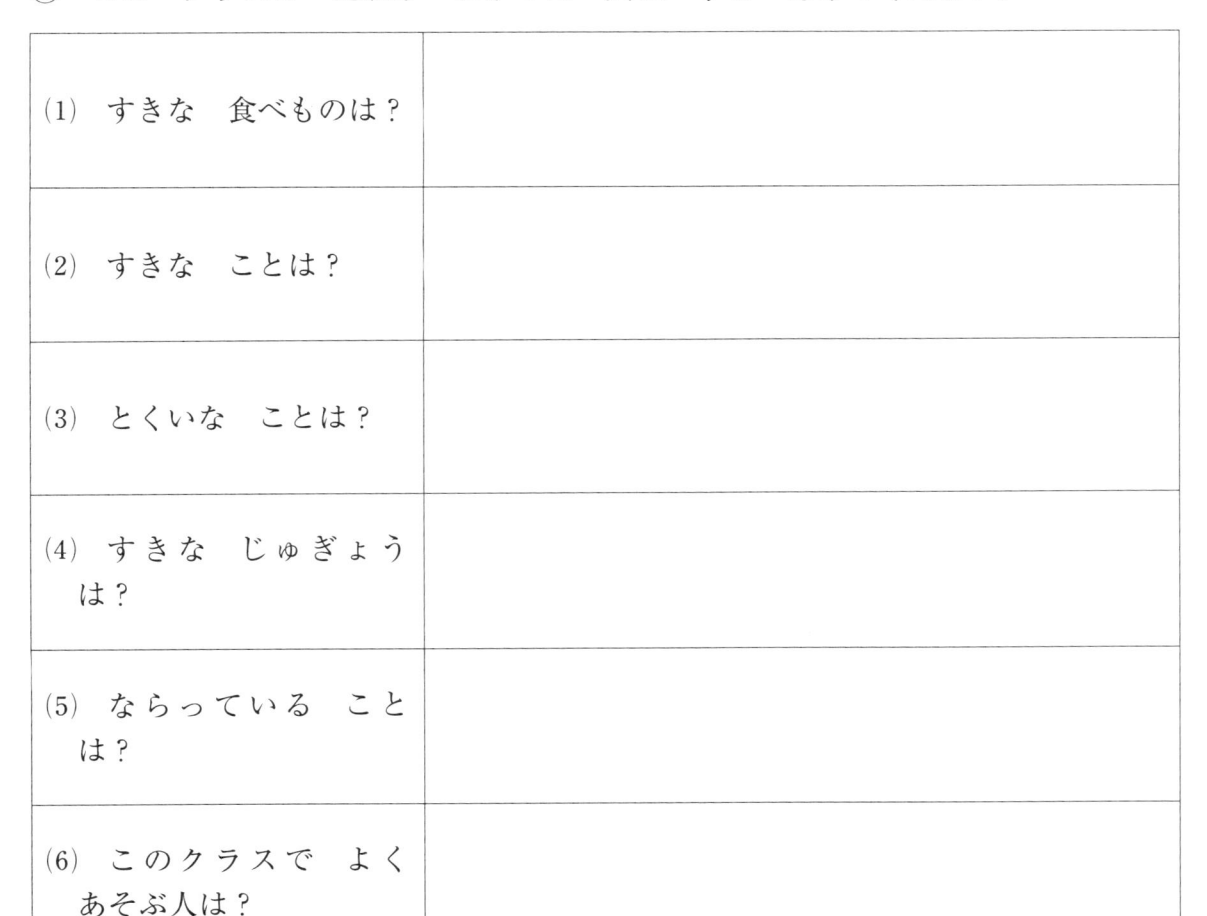

(1) すきな　食べものは？	
(2) すきな　ことは？	
(3) とくいな　ことは？	
(4) すきな　じゅぎょうは？	
(5) ならっている　ことは？	
(6) このクラスで　よく　あそぶ人は？	
(7) 前の　クラスは？（前の　ほいくえん・ようちえんは？）	
(8) しゅっせきばんごうは？	

学活 5 「ありがとう」「ステキ」まちがい見つけ

> 2人で協力して行う間違い探しです。2人の連携がカギで，友達同士のつながりが深まります。また，自分が気づかない友達の発見に，協力の大切さを実感します。ひらがな，カタカナの勉強にもなります。

ワークシートの使い方

❶ 教師は「今から配るワークシートに『ありがとう』を間違えて書いている文字があります。それをペアで見つけて，○をします。時間は，2分間。たくさん見つけたペアが優勝です」とルールを説明する。

❷ 2人に1枚，裏返してワークシートを配る。教師の「はじめ」の合図で子どもたちはワークシートを表にする。そして，「ありがとう」の間違いを見つけ，○をする。

❸ いくつ見つけたか，数を聞く。一番多く見つけたペアを立たせ，賞品の拍手を贈る。

❹ 「ステキ」のワークシートも配り，同じように実施する

❺ 間違い探しを協力してやってみて，気づいたこと，考えたことを発表させる。

★ランクup↗情報

・❺の「ふり返り」がポイントです。この活動を通して学んだことを言葉に変え，学習化しましょう。

・北広島市立大朝小学校の引地勝利氏が開発されたワークシートです。

(山根大)

まちがい見つけの 答え

[スデキ]

(「ステキ」の中に「スデキ」が混ざっている)

[ありがとう]

(「ありがとう」の中に「おめでとう」「あれでとう」「おしごとう」「ありがたい」「のりだとう」「ありたろう」などが混ざっている)

「ありがとう」まちがい見つけ

なまえ（　　　　　　　　　）（　　　　　　　　　）

■「ありがとう」の まちがいが あるよ。見つけたら ○を してね。
　ふたりで きょうりょくして いくつ 見つけられるかな？

ありがとう，ありがとう，ありがとう，ありがとう，ありがとう，ありが
とう，ありがとう，ありがとう，ありがとう，ありがとう，ありがとう，
ありがとう，ありがとう，ありがとう，あれさとう，ありがとう，ありが
とう，ありがとう，ありがとう，ありがとう，ありがとう，ありがとう，
ありがとう，ありがとう，ありがとう，ありがとう，ありがとう，ありが
とう，ありがとう，ありがとう，ありがとう，ありがとう，ありがとう，
ありがとう，ありがとう，ありがとう，ありがとう，ありがとう，ありが
とう，ありがとう，おりがとう，ありがとう，ありがとう，ありがとう，
ありがとう，ありがとう，ありがとう，ありがとう，ありがとう，ありが
とう，ありがとう，ありがとう，ありがとう，ありがとう，ありがとう，
ありがとう，ありがとう，ありがとう，ありがとう，ありがとう，ありが
とう，ありがとう，ありがとう，ありがとう，ありがとう，ありかとう，
ありがとう，ありがとう，ありがとう，ありがとう，ありがとう，ありが
とう，ありがとう，ありがとう，ありがとう，ありがとう，ありがとう，
ありがとう，ありがとう，ありがとう，ありがとう，ありがとう，ありが
とう，ありがとう，のりがとう，ありがとう，ありがとう，ありがとう，
ありがとう，ありがとう，ありがとう，ありがとう，ありがとう，ありが
とう，ありがとう，ありがとう，ありがとう，ありがとう，ありがとう，
ありがとう，ありがとう，ありがとう，ありがとう，ありがとう，ありが
とう，ありがとう，ありがとう，ありがとう，おめでとう，ありがとう，
ありがとう，ありがとう，ありがとう，ありがとう，ありがとう，ありが
とう，ありがたい，ありがとう，ありがとう，ありがとう，ありがとう，
ありがとう，ありがとう，ありがとう，ありがとう，ありがとう，ありが
とう，ありがとう，ありがとう，ありがとう，ありがとう，ありがとう，
ありがとう，ありがとう，ありがとう，ありがとう，ありがとう，ありが
とう，ありがとう，ありがとう，ありたろう，ありがとう，ありがとう

「ステキ」まちがい見つけ

なまえ（　　　　　　　　　）（　　　　　　　　　　）

■「ステキ」の まちがいが あるよ。見つけたら ○を してね。
　ふたりで きょうりょくして いくつ 見つけられるかな？

ステキ, ステーキ, ステキ, スーテキ, スキ, ステキ, スキヤキ, ステキ, ステキ, ステキ, ステキ, ステキ, ステキ, ステキ, ステキ, ステキ, ステキ, ステキ

学活 6

４人で １まいの 絵を かこう

> 子ども同士の話し合いが生まれます。また，４人の絵が１枚に仕上がることで感動を共有できます。

······· **ワークシートの使い方** ·······

❶ 子どもたち１人ひとりが，太い線を基本に，油性ペンで自由に絵を描く。

❷ 描き終わったら，４人組を作る。

❸ ４人の絵を，太い線が輪になるように組み合わせる。そして，１枚の絵にする。

❹ その絵のタイトル（題）を相談して決める。また，より楽しい作品になるように，相談して絵を描き加えてもOK。

❺ ４人組がクラスみんなの前で，タイトルとどんな絵ができたか？　を発表する。また，作品を作った感想も発表する。

★ランクup↗情報

・４月の学級づくりに有効です。相談して１つの作品を作り上げることで，子どもたちの距離はグッと近づきます。

・全ての４人組が発表した後，「どの絵が好きか？」投票で１位を選ぶコンテストをしても楽しいです。

・４人組は，生活班でも，子どもたちに自由に決めさせても構いません。ただ，教師はクラスの人間関係を把握し，独りぼっちの子がでないように配慮することが絶対に必要です。

（山根大）

学 活

4人で　1まいの　絵を　かこう

なまえ（　　　　　　　　　　　　）

① 下の　太い　線に，絵を　かきましょう。
② 4人組に　なりましょう。
③ 4人の　絵を，わに　なるように　組み合わせて，1まいの　絵に　しましょう。
④ そうだんして，絵の　だいを　きめましょう。
⑤ どんな　絵に　なったか，みんなに　はっぴょうしましょう。かんそうも　言いましょう。

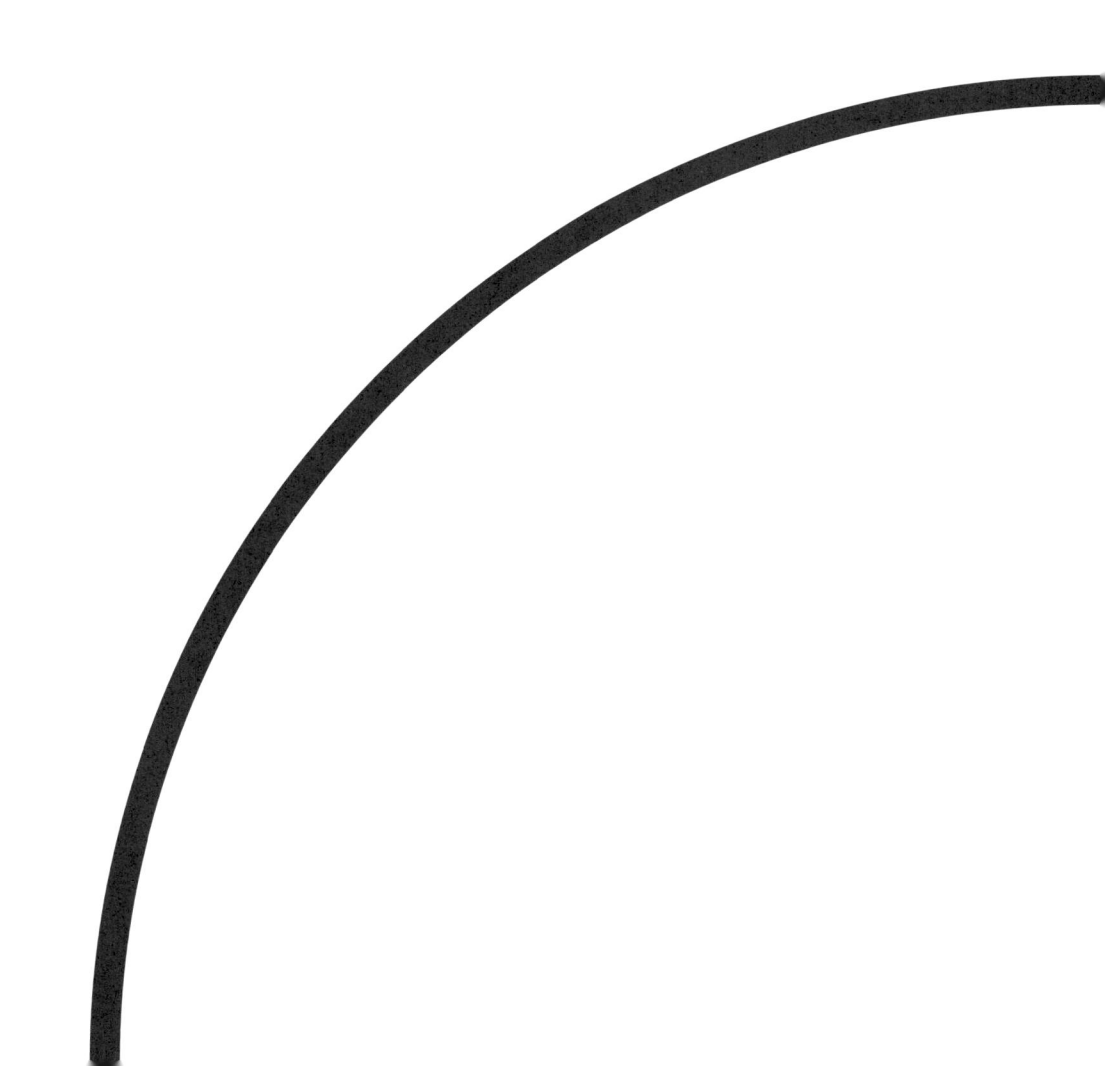

■**執筆者一覧**（五十音順，所属は執筆時のもの）

伊藤　邦人	京都・立命館小学校	
島田　幸夫	広島・福山市立山手小学校	
髙橋　健一	新潟・妙高市立妙高高原北小学校	
友田　真	広島・東広島市立板城小学校	
中村　健一	山口・岩国市立平田小学校	
原　龍太郎	広島・広島市立瀬野小学校	
藤原　裕一	島根・益田市立戸田小学校	
山根　大文	広島・小学校教諭	
山根　僚介	広島・福山市立日吉台小学校	
吉川　裕子	京都・立命館小学校	

　本書を担当してくださった都築康予さんに感謝します。大変な編集作業をありがとうございました。

編著者紹介

●島田幸夫

1976年広島県生まれ。広島県福山市立山手小学校勤務。徹底反復研究会中国支部に所属。

仲間と共に「教師力向上セミナー」を主催し，これまでに中村健一氏をはじめ，多くの先生方から学級経営等について学んでいる。中村氏編著『めっちゃ楽しく学べる算数のネタ73』（黎明書房）の執筆に携わっている。

車での年間走行距離30000km超。週末にちょっぴり走り過ぎる36歳。

●中村健一

1970年山口県生まれ。岩国市立平田小学校勤務。お笑い教師同盟などに所属。

主な著書は『子どもも先生も思いっきり笑える73のネタ大放出！』『教室に笑顔があふれる中村健一の安心感のある学級づくり』『楽しく学べる川柳＆俳句づくりワークシート』『学級担任に絶対必要な「フォロー」の技術』（編）『子どもの表現力を磨くおもしろ国語道場』（編著）『担任必携！　学級づくり作戦ノート』（編著）（以上，黎明書房）他多数。

ちょっぴりお茶目な42歳。

＊本文イラスト・シールデザイン：山口まく

コピーして使える
授業を盛り上げる教科別ワークシート集〈低学年〉

2013年2月10日　初版発行

編著者	島田幸夫
	中村健一
発行者	武馬久仁裕
印　刷	株式会社　太洋社
製　本	株式会社　太洋社

発行所　　株式会社　黎明書房

〒460-0002　名古屋市中区丸の内3-6-27　EBSビル
☎052-962-3045　FAX 052-951-9065　振替・00880-1-59001
〒101-0047　東京連絡所・千代田区内神田1-4-9　松苗ビル4階
☎03-3268-3470

落丁本・乱丁本はお取替します。　　ISBN978-4-654-00285-6
Ⓒ Y. Shimada & K. Nakamura 2013, Printed in Japan

担任必携！
学級づくり作戦ノート
B5／87頁　1900円

中村健一編著　学級づくりを成功させるポイントは最初の1ヵ月！　例を見て書き込むだけで，最初の1ヵ月を必ず成功させる作戦が誰でも立てられます。厳しい教育現場もこれで安心。

楽しく学べる
川柳＆俳句づくりワークシート
B5／78頁　1700円

中村健一著　教師はコピーして配るだけ。子どもはワークシートに書き込むだけ。川柳から入る指導法で俳句はメキメキ上達し，表現力アップ！「教室流・簡単句会」のやり方やコツも紹介。

子どもも先生も思いっきり笑える
73のネタ大放出！
B6／94頁　1200円

中村健一著　教師のための携帯ブックス①／クラスが盛り上がる楽しい73のネタで，子どもの心をつかみ，子どもたちが安心して自分の力を発揮できる教室を作ろう。

42の出題パターンで楽しむ
痛快社会科クイズ608
B6／93頁　1200円

蔵満逸司・中村健一著　教師のための携帯ブックス③／授業を盛り上げ，子どもたちを社会科のとりこにするクイズの愉快な出し方42種と608の社会科クイズを紹介。地名たし算クイズ／他。

42の出題パターンで楽しむ
痛快理科クイズ660
B6／93頁　1200円

土作　彰・中村健一著　教師のための携帯ブックス⑤／理科の授業が待ち遠しくなる，教科書もおさえた660の理科クイズと，笑って覚える愉快なクイズの出し方を42種紹介。

めっちゃ楽しく学べる
算数のネタ73
B6／96頁　1300円

中村健一編著　教師のための携帯ブックス⑩／子どもが喜ぶ算数のネタを，低学年・中学年・高学年・全学年に分け紹介。算数が苦手な子も得意な子も飽きさせない楽しいネタがいっぱい。

教室で家庭でめっちゃ楽しく学べる
国語のネタ63
B6／96頁　1300円

多賀一郎・中村健一著　教師のための携帯ブックス⑪／短い時間でぱっとでき，子どもが楽しく言語感覚を磨くことができる国語のクイズ，パズル，ゲーム，お話等，63のネタを紹介。

歴史壁面クイズで楽しく学ぼう
①縄文時代～平安時代／②鎌倉時代～江戸時代／③明治時代～平成（全3巻）
B5／各79頁　各1700円

阿部隆幸・中村健一著　コピーして貼るだけ！歴史壁面クイズ201問（各巻67問）で楽しく知識の定着が図れます。教室の掲示物に活用でき，毎日貼りかえても1年使えます。

見やすくきれいな
小学生の教科別ノート指導
B5／92頁　1800円

蔵満逸司著　復習や思考の整理に役立つ，国語，社会科，算数，理科等の各学年のノートの見やすい書き方・使い方を，実際のノート例を多数まじえながら紹介。

表示価格は本体価格です。別途消費税がかかります。

■ホームページでは，新刊案内など，小社刊行物の詳細な情報を提供しております。「総合目録」もダウンロードできます。
http://www.reimei-shobo.com/